LE BAIN

A

BAGNOLES-DE-L'ORNE

par

le Docteur H. HANNEQUIN

ANCIEN INTERNE DES HOPITAUX DE PARIS

MÉDECIN CONSULTANT A BAGNOLES-DE-L'ORNE

PARIS

IMPRIMERIE TYPOGRAPHIQUE JEAN GAINCHE

15, rue de Verneuil, 15

—

1901

LE BAIN

A

BAGNOLES-DE-L'ORNE

par

le Docteur H. HANNEQUIN

ANCIEN INTERNE DES HOPITAUX DE PARIS

MÉDECIN CONSULTANT A BAGNOLES-DE-L'ORNE

PARIS

IMPRIMERIE TYPOGRAPHIQUE JEAN GAINCHE

15, rue de Verneuil, 15

—

1901

AVANT-PROPOS

Traiter un sujet sur lequel on a déjà beaucoup écrit et parvenir à intéresser le lecteur est chose difficile. Mais, dans le champ si vaste d'observations que nous offrent les malades, il y a toujours quelque chose d'intéressant à glaner ; c'est ce que je vais essayer de faire, heureux si je puis contribuer pour une faible part au bien du malade et à la prospérité de la station.

Aussi, laissant de côté les choses classiques qui sont établies et connues de tous, je me propose seulement d'attirer l'attention sur quelques points particuliers qui m'ont paru dignes d'intérêt et notamment sur :

L'action excitante légère de l'eau de

Bagnoles-de-l'Orne, peut-être un peu trop oubliée ;

L'inégale efficacité du traitement thermal dans les différentes affections justiciables de cette station ;

Le retentissement fréquent chez les arthritiques du molimen menstruel sur les veines des membres inférieurs et son importance dans la genèse et les rechutes de phlébites, aussi bien pendant la période d'activité génitale qu'à l'époque de la ménopause ;

La coïncidence fréquente de la phlébosclérose des saphènes avec les autres manifestations arthritiques des membres inférieurs, son apparition souvent précoce chez les sujets prédisposés et la nécessité absolue d'en faire le diagnostic immédiat ;

La nécessité, absolue également, d'instituer et de diriger le traitement thermal d'après les indications fournies par le malade et l'affection dont il est atteint ;

Les bons résultats que l'on retire des bains donnés, non d'une façon continue, sans interruption, mais par séries de quatre à cinq bains, chaque série étant séparée de la suivante par un et parfois deux jours de repos quand il s'agit de malades ou de lésions très excitables ;

Enfin, l'efficacité remarquable du massage ou de l'effleurage dans le traitement des suites de phlébites.

Je ne fais que toucher à peine à chacune de ces questions, me proposant d'étudier les plus importantes d'entre elles dans des publications spéciales.

PROPRIÉTÉS PHYSIOLOGIQUES

de l'eau de Bagnoles-de-l'Orne

L'eau de Bagnoles-de-l'Orne possède deux actions principales :

1° Une action excitante légère sur toutes les fonctions physiologiques, qui se traduit par un surcroît d'activité organique, par un sentiment de réconfort, de force et de mieux être que presque tous les malades ressentent au début de la cure ;

2° Une action excitante spéciale sur les fibres musculaires lisses des petits vaisseaux, dont elle détermine la contraction par l'intermédiaire des nerfs vaso-moteurs, et cette vaso-constriction s'exerce non seulement sur le territoire vasculaire de la peau, mais aussi sur tous les territoires vasculaires de l'organisme.

De ces deux actions, la première lui est commune avec beaucoup d'eaux minérales ; elle est inhérente à sa thermalité ; on peut l'augmenter ou la diminuer à volonté en élevant ou en abaissant la température du bain, on peut même la supprimer complètement et la remplacer par une action sédative selon les indications fournies par le malade ou l'affection dont il est atteint ; la seconde lui est propre et lui confère une véritable spécificité ; elle ne se retrouve dans aucune autre station. Tous les bains frais, qu'ils soient d'eau minérale ou d'eau douce, produisent la contraction des petits vaisseaux et le resserrement des capillaires, mais cette action cesse et est remplacée par des phénomènes absolument inverses dès que la température atteint 35°. A Bagnoles, au contraire, elle persiste dans le bain chaud et ne disparaît qu'au-delà de 38°. C'est ce qui en fait la caractéristique.

Par son action stimulante légère, l'eau de Bagnoles-de-l'Orne favorise la guérison des maladies chroniques en réveillant les réactions languissantes ou insuffisantes de l'organisme, qui se retrouve ainsi en état de lutter contre les états pathologiques et les lésions inflammatoires, diathésiques ou non, qu'il était forcé de subir. Durand-Fardel exprimait déjà la même pensée quand il disait : que le propre de la médication thermale auprès des eaux indéterminées, était de ramener l'organisme au point où peut s'opérer la guérison spontanée, ou bien, où la médication, demeurée impuissante jusqu'alors, retrouve une efficacité réelle.

La stimulation ainsi produite par l'eau minérale imprime une activité nouvelle aux échanges moléculaires, provoque la disparition de l'œdème, la résorption des exsudats inflammatoires et le retour *ad integrum* des éléments anatomiques, des humeurs et des tissus de la partie affectée.

Mais, pour peu que cette action stimulante dépasse le but, le sentiment de mieux être qu'accusait le malade au début de la cure fait place à une sensation de courbature, de fatigue générale, et les douleurs au niveau des lésions dont il souffre s'exagèrent au lieu de s'atténuer et de disparaître. L'excitation trop forte produite par les eaux cessant d'être curative est devenue perturbatrice et, sous son influence, on peut voir, non seulement s'aggraver les lésions existantes et se réveiller les processus éteints, mais encore apparaître pour la première fois les douleurs symptomatiques d'une lésion articulaire, nerveuse, veineuse ou viscérale qui évoluait silencieusement à l'insu du malade, le processus morbide qui la tenait sous sa dépendance n'étant pas encore assez prononcé pour se traduire par un signe révélateur.

J'appelle tout spécialement l'attention sur cette action *excitante légère* de l'eau de Bagnoles-de-l'Orne ; elle est, chez quelques

malades à lésions torpides, un élément impor-
tant de la cure, mais chez d'autres, chez les
excitables, les névropathes, et ils sont nombreux à Bagnoles, où la plupart des affections
que l'on y traite sont des manifestations de la
diathèse neuro-arthritique, c'est-à-dire des
affections qui revêtent volontiers la forme congestive et névralgique, elle est presque toujours un obstacle, elle constitue souvent un
danger, car, mal tolérée, elle peut provoquer
une véritable poussée inflammatoire ; aussi
faut-il savoir la maintenir toujours dans de
justes limites.

Par son action vaso-constrictive sur les fibres
musculaires lisses des petits vaisseaux l'eau de
Bagnoles-de-l'Orne leur rend leur tonicité
amoindrie ou perdue, régularise la circulation
capillaire dans les réseaux superficiels et pro-
fonds, rétablit l'équilibre circulatoire et permet
au cœur d'accomplir un travail plus utile et
mieux coordonné.

Cette action vaso-constrictive signalée par
tous les médecins de la station et bien mise en
relief par le docteur Vaucher dans une publi-
cation récente faite en collaboration avec le
docteur Thorel, se traduit, dans le bain, par la
décoloration des téguments et la diminution
de saillie des veines superficielles, phénomènes
qui se produisent lentement, disparaissent de
même et sont remplacés vers la fin du bain ou

immédiatement après, par des phénomènes inverses de vaso-dilatation qui provoquent le rappel du sang dans les capillaires cutanés et l'apparition de rougeurs sur les parties des téguments les plus atteints ; c'est la période de réaction que le malade doit toujours favoriser en s'imposant, après le bain, un repos, au lit, d'une heure, s'il veut, réellement, retirer les meilleurs effets de sa cure.

Un fait qui semble paradoxal au premier abord, mais qui démontre bien l'action vaso-constrictive évidente de l'eau de Bagnoles sur les fibres musculaires lisses des veines, est le suivant que j'ai observé à différentes reprises. Chez plusieurs malades atteints de phlébite ancienne, la première immersion dans le bain provoque la paralysie des capillaires de la peau qui prend une coloration rouge plus ou moins foncée ; cette teinte s'efface peu à peu dans le bain, sans toutefois disparaître complètement; les jours suivants, elle se reproduit, mais moins accentuée, s'efface plus vite et davantage; puis finit par disparaître complètement vers le milieu ou la fin de la cure. Les capillaires de la peau ont retrouvé leur tonicité perdue et se contractent sous l'influence de l'eau au lieu de se dilater.

C'est à cette action spéciale de l'eau de Bagnoles-de-l'Orne sur les fibres musculaires lisses des petits vaisseaux que l'on a attribué presqu'exclusivement la guérison des suites de phlébite, la disparition lente et progressive des rougeurs et varicosités des membres malades, l'effacement des veines dilatées et souvent flexueuses qui ont servi à l'établissement de la première circulation collatérale, la fonte, pour ainsi dire, des gros paquets variqueux que l'on rencontre si souvent sur le trajet des saphènes et enfin la résorption de l'œdème et des exsudats inflammatoires. Peut-être est-on allé un peu trop loin. Cette action peut s'exercer d'une façon presqu'exclusive dans les troubles purement circulatoires, mais dans les suites de phlébite et dans les autres affections que l'on traite à Bagnoles, il n'y a pas que des troubles circulatoires à combattre, il y a aussi des lésions, des reliquats inflammatoires à faire disparaître, et dans ce cas, si l'eau de Bagnoles n'était pas légèrement excitante, elle serait moins efficace ; la disparition rapide de ces lésions chez les malades à réaction torpide où l'action excitante et doucement résolutive de l'eau de Bagnoles peut s'employer toute entière sans risquer de provoquer un réveil des douleurs, prouve la part importante qu'elle prend dans la guérison des suites de cette affection.

INDICATIONS THÉRAPEUTIQUES

Ces propriétés physiologiques de l'eau de Bagnoles-de-l'Orne qui s'appuient, non sur des théories, mais sur des faits d'observation, en font une eau éminemment régulatrice de la circulation, décongestionnante et résolutive. Elles nous font comprendre son efficacité dans toutes les affections où il y a un défaut de tonicité vasculaire, un élément douloureux, congestif ou inflammatoire à combattre. Elles nous permettent d'interpréter les résultats cliniques remarquables qu'elles donnent dans les maladies des veines : les *phlébites ou plutôt les suites de phlébites, les varices, les varicocèles, les hémorrhoïdes.*

Aussi les maladies des veines constituent-elles l'indication dominante, la spécialisation de la station, spécialisation tellement connue des médecins qu'aucun d'eux ne peut prononcer le nom de Bagnoles-de-l'Orne sans y associer le nom de l'affection qui en est le plus justiciable, c'est-à-dire de la phlébite. Inutile de rappeler ici les causes et les symptômes de cette affection ; ils sont trop connus de tous. Je veux seulement présenter quelques observations sur l'efficacité du traitement thermal. Elle n'est pas la même dans tous les cas : très marquée dans les phlébites post puerpérales, dans les phlébites qui surviennent dans le cours ou la convalescence d'une fièvre typhoïde, d'une grippe, d'une pneumonie ou de toute autre maladie infectieuse, elle l'est beaucoup moins dans la phlébite rhumatismale profonde. Je ne parle pas, bien entendu, de ces formes, fugaces et légères, de ces péri-phlébites superficielles restant localisées au point primitivement atteint ou envahissant successivement les différents segments d'une veine, simple fluxion ou inflammation légère des parois veineuses qui peuvent bien transformer la veine en un cordon dur et douloureux, mais ne déterminent jamais d'œdème appréciable, ni stase, ni impuissance du membre; elles guérissent rapidement en quelques semaines; je ne parle pas non plus de ces périphlébites capillaires, qui se manifestent sous forme de nodosités douloureuses que l'on rencontre un peu partout sur la périphérie des membres; je parle de ces phlébites tenaces et rebelles siégeant sur les veines profondes des membres aussi bien que des cavités splanchniques, procédant par poussées successives qui portent sur des points différents du système veineux et surviennent sans cause bien appréciable, durant souvent de longs mois, faisant le désespoir du médecin aussi bien que du malade et n'ayant aucune tendance naturelle à se terminer par la guérison. Celles-là ne se modifient que lentement et pendant longtemps le malade reste exposé à des rechutes.

Les phlébites variqueuses donnent lieu aux mêmes observations. Dans la phlébite variqueuse simple, l'amélioration est rapide, mais il n'en est plus de même quand l'inflammation s'est étendue au tissu cellulaire sous-cutané et à la peau qui finissent par adhérer aux tissus sous-jacents et former avec eux une tuméfaction plus ou moins étendue, indurée, noueuse, luisante et rouge qui ne se modifie qu'avec une lenteur extrême.

D'une façon générale, quelle que soit la cause et la variété de la phlébite, l'amélioration est d'autant plus rapide que l'inflammation est moins étendue, la veine atteinte plus superficielle, que le malade n'a aucune tare héréditaire et qu'il est venu à Bagnoles à une époque rapprochée du début de son affection.

Les eaux de Bagnoles-de-l'Orne possèdent-elles la même efficacité dans les varices des membres inférieurs que dans les suites de phlébites ?

Oui, dans les varices profondes, dans les varices superficielles à leur début, quand le défaut de résistance ou l'altération des parois veineuses est peu prononcé, quand les varices sont récentes, ne siègent que sur une partie limitée de la veine et sont apparues à la suite d'une cause bien définie. Il suffit, pour s'en convaincre, d'observer les malades atteints de varices profondes ou superficielles qui viennent à la station. A leur arrivée, ils se plaignent tous de sensation de lourdeur, de pesanteur à la marche ; ils se fatiguent vite et sont forcés de se reposer à chaque instant, sinon, ils sont pris de crampes douloureuses qui viennent révéler l'état de distension des veines du membre malade. A la fin de la cure tous ces symptômes douloureux, tous ces troubles fonctionnels ont disparu ou se sont notablement atténués ; parfois même les saillies veineuses, quand il s'agit de varices superficielles, se sont effacées et le malade peut reprendre le cours de sa vie normale.

Non, quand la faiblesse ou l'altération des parois veineuses est très accentuée, que les varices existent depuis longtemps, qu'elles occupent presque toute l'étendue de la veine, qu'elles sont survenues de bonne heure, vers l'âge de quinze à vingt ans, sans cause connue, révélant ainsi le défaut de résistance héréditaire du tissu veineux. Il ne faut plus alors compter sur le retour à l'état normal des veines dilatées et flexueuses ; ce que l'on peut espérer seulement et ce que l'on obtient, c'est la diminution de la saillie qu'elles forment, c'est la disparition de l'œdème et des sensations douloureuses qui les accompagnent, et c'est là encore un résultat bien appréciable, car si le malade conserve ses varices, il n'en souffre plus et se trouve, pour un certain temps, à l'abri des complications qui le menaçaient.

Mais, dans les varices enflammées, congestives, douloureuses, dans les varices compliquées de lésions inflammatoires, de dermites hypertrophiques, d'eczémas, d'ulcères, etc., les eaux de Bagnoles-de-l'Orne agissant à la fois et sur les parois veineuses altérées et sur l'inflammation dont elles sont le siège, retrouvent toute leur efficacité pour produire une guérison rapide dans les cas simples, mais lentement progressive quand les lésions inflammatoires sont étendues et profondes.

C'est encore en agissant sur les parois veineuses altérées et sur l'élément surajouté, congestif, inflammatoire ou douloureux qui vient compliquer la lésion primitive, que les eaux de Bagnoles-de-l'Orne produisent des améliorations, ou des cures si remarquables chez les hémorroïdaires. J'ai obtenu, cette année, dans plusieurs cas, la disparition complète de suintements séro-sanguinolenls très pénibles pour le malade et la réduction totale d'hémorroïdes

internes procidentes qui jusqu'ici n'ont pas
reparu.

*
* *

Les maladies des veines constituent l'indication dominante des eaux de Bagnoles-de-l'Orne, mais non la seule.

Sont également justiciables de ces eaux :

1° Les troubles de la menstruation et de la
ménopause et, notamment, les poussées congestives menstruelles ou intermenstruelles qui
surviennent si fréquemment chez les arthritiques en dehors de toute lésion utérine ou
annexielle.

2° Les dilatations variqueuses et les inflammations des veines du petit bassin et, notamment, des plexus utéro-ovariens et pampini-
formes.

3° Les inflammations utérines et péri-uté-
rines.

4° Les différentes manifestations de la diathèse arthritique portant sur les articulations,
les veines et les nerfs des membres inférieurs
qui apparaissent à la période moyenne de la
vie : rhumatisme articulaire chronique, rhumatisme veineux, névralgie veineuse, états douloureux des veines quelles qu'en soient la nature

et la cause, névralgie sciatique et surtout sciatique variqueuse.

5⁰ Les œdèmes périphériques et les conges
tions viscérales qui se montrent chez les cardiaques et les artério-scléreux à la période hypo-
systolique, quand le cœur commence à faiblir.

Ces différentes affections sont trop connues
pour que je m'étende longuement sur chacune
d'elles ; je veux seulement faire remarquer :

1° Que presque toutes ces affections sont
des manifestations de la diathèse arthritique
et que plusieurs d'entre elles s'observent fréquemment chez le même sujet. Nombre de
malades, en effet, qui viennent à Bagnoles pour
soigner des varices superficielles ou profondes,
se plaignent en même temps de névralgie
sciatique, variqueuse parfois mais non toujours,
de douleurs articulaires dans les genoux notamment, de points douloureux à la pression,
au niveau de la saphène interne à la partie
inférieure de la cuisse ; ces malades ont eu dans
leur jeunesse des éruptions prurigineuses,
des affections respiratoires à forme spasmo-
dique. Plus tard, ils ont souffert de dyspepsie,
d'asthme, de névralgies, ils font maintenant de la sclérose et le processus de dégénérescence se portant de préférence sur
les artères, les veines et les cartilages des
grandes articulations, se traduit par des douleurs articulaires, nerveuses, veineuses, et par

les symptômes bien connus de l'artério-sclé-
rose. C'est presque toujours chez les arthritiques maigres que l'on rencontre ces lésions de
dégénérescence, le processus diathésique se
traduisant plus volontiers chez les arthritiques
gras par des troubles de la nutrition : gra-
velle, goutte, diabète, etc. Qui voit ses veines,
ne voit pas toutes ses peines, pourrait-on dire
en parlant de ces malades qui présentent des
manifestations douloureuses variées, coïnci-
dant avec leurs affections veineuses.

2º Que chez ces malades, dont les parois
veineuses sont altérées, la moindre cause oc-
casionnelle suffit pour provoquer la rechute
d'une phlébite, ou même la première atteinte
de cette affection ; c'est le plus souvent une
fatigue, un traumatisme, une entorse, une
inflammation de l'articulation voisine, c'est
parfois un massage maladroit, une douche trop
violente, un bain de pieds trop chaud et trop
prolongé ; c'est quelquefois aussi une violente
poussée congestive menstruelle qui occasionne
la phlébite des membres inférieurs ou en provoque la rechute.

3º Que chez les arthritiques nerveuses, l'afflux sanguin qui se produit chaque mois vers
l'utérus, les annexes et les veines du petit bassin ne reste pas limité à ces organes, il s'étend
aux veines des membres inférieurs qu'il rend
turgescentes et qu'il finit, à la longue, par dis-

tendre d'une façon définitive quand leurs parois présentent une faiblesse contre nature ou sont altérées; ou bien dont il aggrave ou ravive les lésions anciennes.

Il suffit, pour s'en convaincre, d'interroger avec soin les malades atteintes de phlébites ou de varices des membres inférieurs ; presque toutes vous répondent qu'elles souffrent beaucoup plus de leurs varices ou de leurs veines malades pendant les quatre ou cinq jours qui précèdent les règles; parfois même qu'elles n'en souffrent qu'à ce moment et que la souffrance disparaît, en général, dès que l'écoulement sanguin se produit, c'est-à-dire dès que cesse l'hypertension veineuse, dès que la décongestion se fait.

Mon collègue et ami, le docteur Siredey, dans son étude *sur la congestion utérine*, a très bien décrit ce retentissement du molimen menstruel sur les veines des membres inférieurs chez les femmes arthritiques, retentissement d'autant plus accentué que la poussée congestive qui le détermine provoque une hémorragie moins abondante, c'est-à-dire laisse l'organe congestionné plus longtemps. La congestion sèche étant beaucoup plus fréquente au voisinage de la ménopause que pendant la période d'activité génitale proprement dite et surtout que chez la jeune fille, où la congestion revêt plutôt la forme ménorrhagique, c'est surtout à cette période que sont à craindre les accidents auxquels elle peut donner lieu.

Le docteur Rémy, dans son *Traité des varices des membres inférieurs*, parle également de ce retentissement du molimen menstruel sur les veines des membres inférieurs qu'il a observé chez beaucoup de femmes. Je crois pouvoir dire que non seulement ce phénomène est fréquent chez les arthritiques, mais qu'il constitue la règle.

Cette douleur, produite par l'afflux sanguin dans une veine déjà altérée, peut devenir le signe révélateur d'une lésion qui n'était jusquelà que soupçonnée. Toutes les fois, en effet, qu'une malade vous dit que, dans un membre qui n'a jamais souffert, elle éprouve depuis quelque temps des douleurs au moment de ses régles, soit sur le trajet d'une saphène, soit dans la profondeur des muscles du mollet, on peut affirmer avec certitude qu'il existe dans le premier cas une altération des parois veineuses, dans le second cas des varices internes. Toutes les malades qui ont des varices internes ou les veines altérées n'éprouvent pas ces douleurs pré-menstruelles, mais toutes celles qui les éprouvent ont des veines altérées ou des varices internes ; c'est là un précieux élément de diagnostic dont j'ai maintes fois vérifié l'exactitude.

TRAITEMENT THERMAL

Connaissant maintenant les effets physiologiques et les indications thérapeutiques de l'eau de Bagnoles-de-l'Orne, il nous reste à instituer le traitement thermal; c'est-à-dire à déterminer le mode d'emploi des bains, à en fixer la température et la durée, suivant les indications générales ou particulières que vont nous fournir les maladies et les malades justiciables de cette station. Je dis les maladies et les malades car, dans la plupart des cas, c'est bien plus le malade que l'affection dont il est atteint qui va nous servir de guide; vérité devenue élémentaire et fertile en applications thérapeutiques, que l'on exprime souvent sous forme d'aphorisme, en disant qu'il n'y a pas de maladies, qu'il n'y a que des malades et que la conduite à tenir est différente suivant l'état de force ou de faiblesse, suivant le tempérament morbide et le mode réactionnel de chacun d'eux.

La tradition parmi les malades à Bagnoles-de-l'Orne était de prendre un bain quotidien d'une heure de durée, à température indifférente (1), c'est-à-dire à 35° en moyenne, et cela pendant les 21 jours de la cure, sans aucune interruption. Quelques malades suivent encore cette tradition, sans prendre avis d'un médecin, et sont tout étonnés de voir persister ou s'aggraver l'affection dont ils étaient venus demander la guérison à la station. A cela, pourtant, il n'y a rien de surprenant ; le même bain ne peut convenir à tous, indistinctement ; l'excitation qu'il éveille peut être aussi nuisible qu'utile, car si, dans certains cas, il est nécessaire, pour obtenir la guérison, de stimuler les réactions de l'organisme, dans d'autres il faut les calmer et, parfois même, les empêcher de naître. Aussi, pour produire des effets vraiment salutaires, le bain doit-il être approprié au tempérament et au mode réactionnel de

(1) On appelle bain neutre ou à température indifférente (il serait mieux dénommé bain à température agréable), celui qui ne fait éprouver ni impression de froid, ni impression de chaud, mais une sensation de bien-être toute particulière. Cette température indifférente n'est pas la même pour tous les malades. Pour la plupart d'entre eux elle est de 34° à 35°, pour quelques-uns elle s'élève à 36 et même 37°, pour d'autres, elle descend jusqu'à 30. Il y a là des susceptibilités individuelles, qu'il faut bien connaître avant d'instituer le traitement et sur lesquelles, d'ailleurs, le malade attire toujours l'attention du médecin.

chaque malade. C'est le principal et, parfois, le seul agent thérapeutique dont dispose le médecin hydropathe ; il est donc de toute nécessité qu'il en connaisse les différents modes d'emploi, qu'il sache en varier la température et la durée selon les différentes indications qui se présentent. Ce sont ces indications que je me propose d'établir, en m'appuyant sur de nombreuses observations que j'ai recueillies cette année et qui ont déterminé ma ligne de conduite.

* * *

Parlons d'abord des convalescents de phlébite, qui viennent chercher à Bagnoles la guérison des suites, des conséquences, des complications de leur maladie ; ils forment la majorité. On peut les diviser en deux classes bien distinctes.

Dans la première viennent se placer les malades à constitution plus ou moins robuste, à tempérament mou, indolent, à réaction lente, insuffisante ou nulle, sujets à des inflammations torpides et traînantes, n'ayant aucune tendance naturelle à se terminer par la guérison. Chez ces malades la phlébite a évolué sans éveiller aucun retentissement général sur l'organisme, restant à l'état de maladie isolée, ne donnant naissance qu'à des symptômes dont la sphère d'étendue ne dépasse pas le membre

atteint ; la période aiguë est depuis longtemps terminée, l'inflammation est éteinte ;
mais elle a laissé après elle toute une suite de
symptômes plus ou moins accusés qui sont dûs,
les uns, à l'oblitération vasculaire, les autres à
l'immobilité prolongée dans laquelle on a main-
tenu le membre ; l'œdème est encore considérable, ou s'il a diminué en grande partie, les
veines ne sont ni trop dilatées, ni variqueuses ;
étant donné la raideur articulaire, l'ankylose et
parfois l'atrophie musculaire, le malade ne peut
marcher, ou il marche avec peine, seul ou avec
des béquilles, il se fatigue vite, mais le doigt
promené sur le trajet des saphènes ou de la
fémorale n'éveille qu'une sensibilité légère. Chez
ces malades à réaction torpide, à lésions indolentes, quand le début de l'affection est éloigné
et qu'ils ont repris la plus grande partie de
leurs forces, il faut chercher à réveiller les réactions languissantes de l'organisme qui semble
incapable de lutter contre le processus inflammatoire, il ne faut pas se contenter de l'action
vaso-constrictive de l'eau, il faut faire appel à
son action excitante et donner des bains prolongés à 35° et au-dessus. Ces cas consti-
tuent le triomphe de l'eau de Bagnoles-de-
l'Orne. Bien surveillée, l'excitation produite
n'est jamais assez forte pour provoquer une
rechute et concourt pour une large part à la
guérison.

Ce sont aussi les cas les plus favorables pour la mobilisation et pour le massage. Je l'ai pratiqué chez presque tous les malades de cette catégorie et presque tous, à la fin de leur cure, éprouvaient une amélioration si marquée qu'ils se considéraient comme complètement guéris. Mais je n'insiste pas sur ce sujet, me proposant de publier une étude spéciale sur la nécessité de la mobilisation, du massage et de l'effleurage dans les maladies des veines.

Si, au lieu d'être indolente ou à peu près comme dans le cas précédent, la·lésion est encore douloureuse aussi bien au repos qu'à la marche et à la pression du doigt promené sur la veine malade ; si, surtout, il existe des foyers douloureux au niveau des veines saillantes ou variqueuses, il ne faut plus faire appel à l'action excitante de l'eau, il faut prescrire des bains longs encore, mais au-dessous de 35°. Il est impossible de dire à l'avance quel sera le degré le plus favorable ; il y a là une question de tolérance individuelle qui varie avec chaque sujet et que le médecin doit étudier avec soin.

On arrive parfois à modifier assez rapidement ces lésions douloureuses. A maintes reprises j'ai vu la douleur disparaître complè·tement dans le bain, vers le milieu de la cure, pour revenir immédiatement après, pendant quelques jours, puis à des intervalles de plus

en plus éloignés, avant de disparaître définiti-
vement. Le plus souvent cependant, ces cas
sont plus rebelles que les précédents ; l'amélioration est moins rapide, l'altération vasculaire a été plus profonde, elle a laissé des
traces plus durables, des lésions plus accen-
tuées, et le malade est forcé de revenir plusieurs années de suite à la station, pour obtenir la guérison.

Dans la seconde classe se rencontrent :

1º Des malades à réaction torpide toujours,
mais à peine convalescents et encore affaiblis
par un long séjour au lit ou à la chambre,
venus à Bagnoles-de-l'Orne aussitôt qu'ils ont
été transportables pour retirer de leur cure
la plus grande amélioration possible, cette
amélioration étant d'autant plus rapide et plus
complète que la cure est commencée à une
époque plus rapprochée de la phlébite.

2º Des malades à réaction vive chez lesquels
la phlébite a éveillé des troubles sympathi-
ques si nombreux et si variés qu'ils ont pris
souvent la première place. Ce sont des arthritiques, des nerveux, des impressionnables
sujets à des lésions à forme névralgique et
congestive, chez lesquels les réactions sont
vives et souvent dépassent le but ; ce sont des
excitables, des névropathes, des neurasthéni-
ques qui présentent en même temps des manifestations articulaires ou nerveuses siégeant

tantôt sur un point, tantôt sur un autre, subissant facilement l'influence des variations atmosphériques. Longtemps après la période aiguë, ces malades se plaignent encore d'oppression, de douleurs précordiales, d'accès de palpitations, de névralgies intercostales ; chez eux la phlébite est douloureuse, souvent à forme névralgique, la moindre lésion étant prétexte à névralgie et constituant pour elle un foyer d'appel. Ce qu'il faut à ces malades, ce sont des bains tempérés et courts au-dessous de 35°, ce sont des bains qui ne produisent aucune excitation, aucune réaction. Pour peu qu'on élève la température du bain, on fait naître de l'excitation, pour peu qu'on en prolonge la durée on provoque de la courbature.

Ce sont des bains tempérés et longs, parfois des bains à 35° mais pris par série de quatre à cinq jours, chaque série séparée de la suivante par un ou deux jours de repos.

C'est dans ces cas qu'il ne faut jamais oublier qu'en dehors de son action vaso-constrictive l'eau de Bagnoles-de-l'Orne possède une action excitante, que cette action excitante est une arme à deux tranchants, qu'elle peut concourir à la guérison quand on la maintient dans de justes limites, mais que lorsqu'elle dépasse le but, elle peut, non seulement provoquer de la courbature, mais encore aggraver les lésions existantes, réveiller les processus éteints et faire apparaître des douleurs dans un membre ou un organe dont le malade n'avait jamais souffert.

Ces phénomènes d'excitation et de fatigue surviennent, parfois, dès les premiers jours, quand le malade est d'une grande susceptibilité ou que le traitement institué a été trop actif; dans le cas contraire, ils n'apparaissent le plus souvent que vers la fin de la première semaine, ou vers le milieu de la cure, parfois même avec les derniers bains. Il est rare que les malades qui prennent des bains tous les jours ne les ressentent pas à un moment donné, la continuité de l'excitation finissant à la longue par les produire aussi bien que la violence; aussi le médecin doit-il toujours surveiller attentivement les effets produits, et interrompre les bains pendant un jour ou deux, dès qu'apparaissent les premiers symptômes d'intolérance.

On ne peut s'imaginer l'influence bienfaisante et salutaire de ces jours de repos imposés aux malades quatre ou cinq fois pendant la cure. Toute la fatigue, tous les symptômes douloureux, tous les troubles divers éveillés par l'action excitante de l'eau, tombent comme par enchantement et l'amélioration produite apparaît toute entière.

En procédant ainsi, on obtient la guérison par amélioration lente et insensible, sans à-coups, sans recrudescence de douleurs, sans aggravation de symptômes, sans exagération des phénomènes morbides, sans poussée inflammatoire.

Est-ce à dire que le résultat final ne sera pas bon, que le malade ne retirera aucun bénéfice de sa cure, si les eaux donnent un coup de fouet à la lésion existante, ou réveillent des douleurs depuis longtemps éteintes ? Nullement. L'irritation substitutive peut encore amener la guérison en changeant le mode et la nature de l'inflammation, mais elle n'est pas nécessaire. Utile, peut-être, quand il s'agit d'une bronchite chronique invétérée, d'un eczéma rebelle, elle est plutôt nuisible dans les maladies le plus souvent à forme névralgique ou congestive que l'on traite à Bagnoles-de-l'Orne. Pour guérir ici, il n'est pas nécessaire de faire souffrir et il faut toujours chercher à l'éviter.

Il est assez difficile d'imposer aux malades quatre ou cinq jours de repos pendant la saison, car cela prolonge d'autant leur séjour, et la plupart d'entre eux n'ont qu'un nombre de jours limité ; on y arrive en leur faisant comprendre que le bon résultat de leur cure en dépend.

Vingt bains suffisent largement pour les malades à réaction vive ; j'en ai renvoyé, guéris ou améliorés autant qu'ils pouvaient l'être, après 15 bains ; mais, en général, il faut consacrer 25 jours à sa cure, les 5 ou 6 jours de repos compris.

Quant aux malades à réaction languissante, pour lesquels l'action excitante des eaux est plutôt un élément de guérison qu'un danger, il n'y a pas un nombre de jours limité, la durée de leur séjour dépendant des résultats obtenus.

Dans une troisième classe, enfin, on rencontre des malades à constitution plus ou moins forte mais à tempérament normal, à réaction toujours proportionnée à la cause morbide, car on a bien le droit, même à notre époque où tant de maladies infectieuses et d'intoxications se joignent aux maladies héréditaires pour affaiblir notre organisme et le rendre plus vulnérable, de n'être ni lymphatique, ni arthritique, ni tuberculeux, ni rhumatisant, ni goutteux, ni syphilitique, ni névropathe, ni alcoolique, ni neurasthénique, d'avoir le cerveau bien équilibré, d'être né sans aucune tare héréditaire, sans que pour cela l'on soit à l'abri d'une phlébite survenue à la suite d'un accouchement, dans le cours ou la convalescence d'une fièvre typhoïde, d'une grippe, d'une pneumonie ou de toute autre maladie infectieuse. Les diathèses sommeillant souvent pendant la jeunesse pour ne se réveiller que vers la période moyenne de la vie, les jeunes ont toujours la consolation de se ranger dans cette classe et quand vers l'âge de 45 à 50 ans apparaissent les premières manifestations diathésiques, ils peuvent se consoler encore en pensant qu'ils ont fourni la plus grande partie de leur étape sans avoir eu la visite, toujours importune, de leur hôte. Chez ces malades, l'affection dont ils sont atteints ayant toujours une tendance naturelle à se terminer par la guérison, il suffit de favoriser cette tendance en stimulant très légèrement les réactions normales de l'organisme pour obtenir le résultat désiré.

Telles sont les grandes lignes que doit suivre tout médecin qui veut faire de la bonne pratique thermale. Mais, aux règles que je viens de tracer, aux types cliniques que je viens d'esquisser, que d'exceptions ! Il y a des nerveux qui présentent des lésions absolument torpides, comme il y a des malades à réaction torpide qui présentent des lésions douloureuses, et puis, chaque sujet répond à sa façon à l'action excitante de l'eau, chaque cas particulier peut donner lieu à des indications spéciales. C'est alors que l'expérience, l'esprit d'observation et le bon sens clinique indiqueront au praticien la marche à suivre pour mener à bonne fin la cure du malade qui lui est confié.

La division des convalescents de phlébite en deux grandes classes, les torpides et les excitables, ces deux qualifications visant aussi bien

le malade que la lésion, s'applique à toutes les
affections et à tous les malades que l'on traite
à Bagnoles-de-l'Orne. Dans tous ces cas, c'est
le malade (son tempérament morbide, son
mode réactionnel) aussi bien que l'affection dont
il est atteint qui doit servir de guide dans le
choix du mode d'administration des eaux.

*S'agit-il de varices internes, de varices
externes douloureuses, de névralgie veineuse,
de névralgie sciatique, de rhumatisme articulaire* sans lésions matérielles bien apprécia-
bles, présentant des recrudescences inflammatoires à la moindre excitation; s'agit-il
des poussées congestives utérines qui surviennent chez les arthritiques pendant la
période l'activité génitale ou à l'époque de la
ménopause, il faut instituer le traitement avec
prudence, procéder avec ménagement et surveiller avec soin les effets produits; ce sont
des affections douloureuses et congestives par
excellence et les malades qui en sont atteints
sont des nerveux, des névropathes, chez lesquels tout traitement trop actif, toute stimulation inopportune pourrait, même dès les débuts
du traitement, produire des réactions violentes
qui compromettraient la guérison. Aussi, à ces
malades ne donnera-t-on pas de bains au-dessus
de la température indifférente, mais plutôt
légèrement au-dessous, c'est-à-dire des bains
qui produiront une action doucement séda-

tive, tantôt tièdes et prolongés, tantôt frais et courts suivant la variété d'affection en face de laquelle on se trouve mais en ayant toujours soin d'interrompre au premier symptôme d'intolérance.

S'agit-il, au contraire, de lésions habituelle-ment indolentes, de varices superficielles dont les malades n'ont jamais souffert et dont l'apparition précoce, vers l'âge de quinze à vingt ans, aussi bien que l'extension progressive à toute l'étendue de la veine atteinte est venue révéler la faiblesse contre nature, la malformation héréditaire des parois veineuses; s'agit-il d'une aménorrhée par atonie utérine chez une chloro anémique dont les organes hématopoiétiques fonctionnent d'une façon insuffisante, d'un rhumatisme, chez un sujet mou et lymphatique, peu douloureux, mais localisé à une ou plusieurs articulations, s'accompagnant de lésions articulaires et périarticulaires évidentes, il ne faut plus craindre d'employer des moyens énergiques pour déterminer une excitation suffisante destinée à réveiller les réactions languissantes de l'organisme et provoquer la résolution de la lésion; c'est aux bains chauds au-dessus de 35°, c'est à la douche très chaude et percutante qu'il faut avoir recours.

On soigne et on guérit le rhumatisme articu-laire à Bagnoles-de-l'Orne comme à toutes les

stations thermales, car dans la cure de cette
affection, on le sait, c'est beaucoup moins la
nature de l'eau minérale qui agit que sa thermalité et son mode d'emploi. Toutefois, les
eaux chlorurées sodiques et les sulfureuses
fortes possédant une action résolutive plus éner-
gique, on y envoie, de préférence, les malades
scrofuleux avec lésions articulaires profondes,
tenaces et rebelles, tandis que l'on réserve
pour les eaux indéterminées ou faiblement
minéralisées de Plombières, Néris, Bagnoles-de-
l'Orne, Bourbon-Lancy, etc., les formes excitables et douloureuses, *mais quand une arthropa-
thie rhumatismale coïncide avec une lésion
veineuse elle est, exclusivement, justiciable
de Bagnoles-de-l'Orne, quel que soit le tempérament morbide du malade et la nature de la
lésion.* Cette coïncidence, beaucoup plus fréquente qu'on ne le pense, passe très souvent
inaperçue. Un arthritique arrivé à l'âge de
quarante-cinq à cinquante ans souffre d'un ou
des deux genoux ; c'est l'âge où le processus
arthritique se traduit par des lésions de dégénérescence portant à la fois sur la synoviale
articulaire et les vaisseaux.

Les lésions prédominantes sur la synoviale
articulaire éveillent tout un ensemble de symptômes qui permettent de les reconnaître, mais
sur l'endo-veine elles ne sont encore qu'à leur
début et ne se traduisent par aucun signe révé-

lateur. A cette époque il suffirait, pour reconnaître la phlébo-sclérose, de promener ies doigts sur le trajet des saphènes ; la douleur provoquée par la pression mettrait sur la voie du diagnostic. Les manifestations articulaires attirant seules l'attention, on envoie le malade à Aix ou à Bourbonne et on le soumet, dans ces stations, aux pratiques actives usitées en pareil cas, à la douche forte, au massage suédois ; le malade en revient avec une phlébite ; le léger traumatisme exercé sur la veine a suffi pour rendre apparente la lésion qui n'existait jusqu'alors qu'à l'état latent. Je possède plusieurs observations de phlébite des membres inférieurs, provoquées per la douche forte ou le massage suédois à Aix et à Bourbonne. Dans aucun de ces cas, est-il besoin de le dire, les malades n'avaient jugé à propos de consulter un médecin avant leur départ de Paris ou avant de commencer la cure.

* *

Les médecins distingués qui exercent dans ces stations connaissent très bien cette coïncidence si fréquente et il ne se passe pas d'année qu'ils n'aient à la constater. Ma première malade à Bagnoles-de l'Orne fut précisément une rhumatisante articulaire avec lésions veineuses qui revenait d'Aix où elle était allée consulter notre savant et sympathique confrère, le doc-

teur Cazalis pour des douleurs articulaires
siégeant sur les deux genoux. Celui-ci, cons-
tatant que la pression du doigt sur la saphène
interne, à la partie inférieure de la cuisse,
était douloureuse, lui interdit tout traitement à Aix et me l'adressa immédiatement à
Bagnoles.

*
* *

Comme toutes les eaux indéterminées, les
Eaux de Bagnoles-de-l'Orne ont une action
excitante sur la circulation utérine ; elles faci-
litent ou accroissent la fluxion menstruelle,
avancent et augmentent les règles, corrigent
l'atonie utérine chez les chlorotiques et peuvent provoquer la disparition des exsudats
inflammatoires que laissent après elles les
affections pelviennes ; mais il est deux affections de la matrice plus justiciables de Bagnoles-de-l'Orne que de toute autre station : c'est
l'aménorrhée des nerveuses (et ici j'entends surtout par aménorrhée l'irrégularité des règles)
et la dysménorrhée congestive des arthritiques,
qu'elle survienne pendant la période d'activité
génitale ou à l'époque de la ménopause.

Chaque année, viennent à Bagnoles-de-
l'Orne des jeunes femmes nerveuses, impressionnables, mal réglées et souffrant plus ou
moins d'un état névropathique qui est tantôt
la cause, tantôt l'effet du trouble menstruel ;

ou bien, au contraire, sujettes à de violentes poussées congestives qui rendent les règles très douloureuses et parfois même surviennent entre les règles. Chez ces dernières la conception est difficile, elles restent souvent stériles malgré leur grand désir de maternité ; l'imprégnation a lieu, mais à peine l'œuf fécondé est-il fixé sur la muqueuse utérine qu'il en est détaché par une poussée congestive. Dans ces deux cas, les résultats obtenus sont excellents, la menstruation redevient régulière et la conception possible. Les exemples de grossesse survenue après une cure à Bagnoles-de-l'Orne et menée à bonne fin sont fréquents.

Chaque année aussi viennent à Bagnoles-de-l'Orne des malades qui traversent l'époque de la ménopause, époque de délivrance pour quelques-unes, mais époque véritablement critique pour la plupart d'entre elles, la suppression de la fonction menstruelle produisant dans l'économie des perturbations profondes et donnant naissance à une foule de troubles divers qui les plongent dans un état névropathique tout spécial et parfois mettent leurs jours en danger : malaises indéfinissables, bouffées de chaleur au visage suivies de transpirations profuses, poussées congestives utérines, métrorrhagies abondantes, etc.

Ces malades sont d'autant plus justiciables de Bagnoles-de-l'Orne que très souvent chez elles *il existe des hémorroïdes et des varices des veines des membres inférieurs.* Les rechutes de phlébites sont fréquentes à cette période ; elles sont déterminées par les poussées congestives qui se produisent du côté de l'utérus et qui, comme nous l'avons vu, ne restent pas limitées au plexus utérins et utéro-ovariens, mais s'étendent à toutes les veines du petit bassin et des membres inférieurs ; joignez à ces troubles divers l'apparition ou la recrudescence des manifestations du tempérament morbide qui se réveille dès que la circulation générale se ralentit et que la nutrition cellulaire cesse d'être aussi active, et vous aurez un tableau à peu près complet des troubles qui accompagnent la ménopause et des dangers qu'elle présente.

Par son action vaso-constrictive sur les fibres musculaires lisses des petits vaisseaux, l'eau de Bagnoles-de-l'Orne régularise la distribution sanguine dans les différents organes, rétablit l'équilibre circulatoire profondément troublé par la suppression de la fonction menstruelle et fait disparaître les différents troubles que cette suppression avait fait naître.

Mais ici, plus encore que dans les formes excitables du rhumatisme articulaire, il faudra procéder avec prudence et ménagement dans l'administration du traitement thermal, car l'élément fluxionnaire et névralgique d'une part et l'état névropathique de l'autre, s'exaspèrent facilement sous l'influence de l'action excitante de l'eau. Or, dans ces cas, il faut plutôt chercher à calmer qu'à irriter le système nerveux utérin et le système nerveux général ; aussi ne doit-on donner que des bains tempérés, prolongés, ou des bains frais et courts pour calmer l'état congestif et inflammatoire de cet organe. Ici encore, les bains donnés par série font le plus grand bien aux malades et permettent d'obtenir la guérison sans excitation et sans fatigue.

Un mot pour finir sur la manière d'agir avec *les cardiopathes et les artério-scléreux*. Ici il n'y a pas à hésiter ; jamais de bains longs, jamais de bains chauds, toujours des bains courts à température indifférente, c'est-à-dire n'éveillant chez le malade ni sensation de froid, ni sensation de chaud ; saison coupée par beaucoup de jours de repos ; parfois un bain tous les deux ou trois jours seulement, et enfin, pour quelques artério-scléreux dont les lésions sont trop avancées, la cure d'air de préférence à tout traitement thermal, même le plus anodin.

D'ailleurs, la faible altitude (240 mètres à peine) de la station, l'absence de distractions bruyantes, le calme de la vie en plein air, la proximité de la forêt et l'action reposante de la nature font de Bagnoles-de-l'Orne un séjour de choix, tout indiqué pour les malades de cette dernière catégorie.

COMPOSITION

de l'eau de Bagnoles-de-l'Orne

Allons-nous trouver dans la composition de l'eau de Bagnoles-de-l'Orne le secret de ses vertus curatives ? Nullement. Elle ressemble à toutes les eaux thermales indéterminées par la faiblesse de sa minéralisation et par l'absence de tout élément minéralisateur prédominant. Suivant l'importance thérapeutique que l'on attachait à tel ou tel de ses éléments, on l'a, tour à tour, qualifiée de sulfureuse, de silicatée, de chlorurée sodique, de sulfatée, de phosphatée, d'arsenicale, de lithinée. En ajoutant la qualification de ferrugineuse, on aura la liste à peu près complète de tous les éléments qui entrent dans sa composition, mais l'on ne sera guère plus avancé, car aucun d'eux ne peut nous expliquer ni son énergie thérapeutique, ni son action spécifique.

Ce n'est pas, il est vrai, à leur richesse minérale, pas plus qu'à la nature de leur minéralisation, qu'on peut rapporter tous les effets
physiologiques et thérapeutiques des eaux
minérales, les plus indéterminées produisant
souvent des actions aussi puissantes que les
plus riches en sels variés. Il y a en elles autre
chose que les sels qu'elles contiennent. Il y a
une certaine somme de force à l'état latent,
d'énergie en puissance se dégageant des molécules dissoutes qui, sollicitées sans cesse par
les affinités chimiques pour entrer dans des
combinaisons nouvelles, sont en perpétuel état
de tension et d'instabilité, et dégagent une
quantité d'énergie d'autant plus considérable
que les corps qu'elles forment par leur agen-
cement réciproque sont à l'état naissant, c'est-
à-dire doués d'un pouvoir de combinaison très
grand.

Ces mutations moléculaires incessantes et
les forces auxquelles elles donnent lieu sont
pour les minéraux en général et les eaux mi.
nérales en particulier, les manifestations de la
vie. C'est la pensée qu'on exprime quand on
dit qu'une eau minérale renferme quelque
chose d'organique, de vivant, qui échappe
encore à nos recherches de laboratoire. Ce
quelque chose d'organique, de vivant, auquel
l'eau minérale doit la plus grande partie de
ses propriétés, et qui ne peut se transporter

avec elle, elle le perd dès que cessent les réactions moléculaires qui lui donnaient naissance, dès que les affinités chimiques ont été satisfaites par les combinaisons qu'elles ont provoquées, en un mot dès qu'elle a réalisé son état stable ; à ce moment l'eau minérale a cessé de vivre, elle ne constitue plus qu'une solution saline qui peut posséder encore quelques propriétés inhérentes à la nature et à la proportion des sels qui entrent dans sa composition, mais qui a perdu la plus grande partie de son énergie thérapeutique. Dans cette solution saline qui n'est plus que le cadavre de l'eau minérale, l'analyse ne décèle que les éléments constituants : elle ne décèle ni la manière dont ces éléments sont agencés réciproquement dans les molécules dissoutes, ni l'état physique dans lequel ces molécules se trouvent, ni les mouvements dont elles sont animées. Ce que nous voudrions savoir, nous physiologistes, nous médecins, et ce que l'analyse ne peut nous révéler, c'est la force vive, la force active, agissante, qui, dégagée des molécules dissoutes dans l'eau en contact avec les téguments, va ébranler, impressionner, sensationner les extrémités sensitives cutanées, ébranlement, impression, sensation inconsciente, non perçue, qui se transmet aux centres cardiaques vaso-moteurs et trophiques pour, de là, se répercuter par voie réflexe sur tous les organes et produire des effets physiologiques et thérapeutiques variés. Ces effets sont-ils les mêmes avec toutes les eaux d'une même classe ou diffèrent-ils au contraire avec chacune d'elles ? J'adopterais volontiers cette dernière hypothèse, car si l'eau de Bagnoles, qui est la moins minéralisée de toutes les eaux thermales indéterminées, puisque le résidu minéral est à peine de 8 cent. par litre, possède une action spéciale que rien ne peut expliquer, pourquoi les eaux de la même classe ne possèderaient-elles pas une action qui leur serait propre également ?

Aussi, contrairement à l'opinion de Durand-Fardel, je serais tenté de croire que toute eau minérale, aussi bien la plus indéterminée que la plus richement minéralisée, possède deux actions distinctes, l'une qui tient à sa température et aux agents balnéo-thérapiques employés, l'autre qui lui est propre, qui lui est spéciale et qu'elle doit à l'excitation spéciale, également, produite au niveau des extrémités sensitives cutanées.

Mais ces considérations scientifiques intéressent peu le médecin qui négligeant avec raison le comment et le pourquoi des choses ne donnant lieu le plus souvent, en médecine, qu'à des discussions stériles, veut, avant tout, connaître les résultats cliniques observés. Ce sont les cures obtenues, comme le dit fort bien mon maître, le professeur Landouzy, qui, mieux que n'importe quel autre élément de jugement, font la religion et la pratique des médecins thérapeutes ; ce sont elles aussi qui établissent la spécialisation de chaque station. Ce sont les cures si remarquables obtenues à Bagnoles-de-l'Orne, dans les maladies des veines, qui en ont établi et qui en confirment chaque année la spécialisation, spécialisation qui ne doit pas rester limitée aux affections veineuses, proprement dites, mais s'étendre à la plupart des affections utérines et péri-uté-rines en général, et tout particulièrement aux congestions pelviennes si fréquentes chez les arthritiques, ainsi qu'aux troubles circu-latoires qui surviennent chez les cardiaques et les artério-scléreux à la période hypo-sys-tolique.

Imprimerie JEAN GAINCHE, 15, rue de Verneuil, Paris.

GRANDE SOURCE DE BAGNOLES-DE-L'ORNE

T. 26°

---

*Analyse faite au laboratoire de l'École des Mines
en 1896.*

(Composition calculée)	par litre
Acide carbonique libre........	0 gr 0063
Silice....................	0 0135
Bicarbonate de fer...................	0 0022
— de chaux.............	0 0092
Phosphate de chaux..................	0 0009
Sulfate de chaux.............	0 0034
— de magnésie.............	0 0036
— de potasse.................	0 0050
— de soude....................	0 0128
Arséniate de soude...............	faibles traces
Chlorure de sodium..............	0 0164
— de lithium....................	traces
Matières organiques.......... •	0 0021
Total.. ...	0 0754

TABLE DES MATIÈRES

PARIS. — IMPRIMERIE JEAN GAINCHE, 15, RUE DE VERNEUIL.

www.ingramcontent.com/pod-product-compliance
Lightning Source LLC
LaVergne TN
LVHW020056090426
835510LV00040B/1692